LOUIS COMBET

DE LA

PROSTITUTION

LES CAUSES — LES REMÈDES

NOUVELLE ÉDITION
AUGMENTÉE D'UNE
CONFÉRENCE SUR LE MÊME SUJET
AU POINT DE VUE MÉDICAL, PHYSIOLOGIQUE ET SOCIAL

La Prostitution est la guerre de l'homme contre la femme ;
Guerre qu'il faut combattre, vaincre et détruire.
L. C.

60 CENTIMES
Franco par la poste, 75 cent.

LYON
IMPRIMERIE LÉON DELAROCHE ET Cie
10, Place de la Charité, 10

1885

LOUIS COMBET

DE LA

PROSTITUTION

LES CAUSES — LES REMÈDES

NOUVELLE ÉDITION
AUGMENTÉE D'UNE
CONFÉRENCE SUR LE MÊME SUJET
AU POINT DE VUE MÉDICAL, PHYSIOLOGIQUE ET SOCIAL

La Prostitution est la guerre de l'homme contre la femme ;
Guerre qu'il faut combattre, vaincre et détruire.
L. C.

60 CENTIMES
Franco par la poste, 75 cent.

LYON
IMPRIMERIE LÉON DELAROCHE ET Cie
10, Place de la Charité, 10
1885

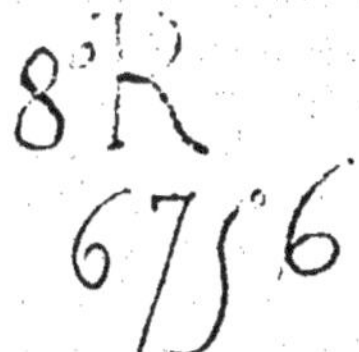

POURQUOI CETTE DEUXIÈME ÉDITION

Sollicité depuis longtemps déjà, par des demandes réitérées, de faire réimprimer mon mémoire sur LA PROSTITUTION, *publié l'an dernier et entièrement épuisé, j'ai cru devoir céder à ces sollicitations amicales, et au moment où se dévoile, à Londres, la plus horrible des plaies sociales, livrer à nouveau mon travail au jugement des honnêtes gens.*

Comme complément de mon premier mémoire, j'ai cru devoir y joindre une conférence faite par moi, en novembre 1884, au Palais-du-Commerce, devant un public sympathique, sérieux, disposé à étudier, à accepter toutes les mesures pacifiques et légales ; à les préconiser par toutes les voies de la publicité, afin d'enrayer la marche envahissante de ce fléau social — la Prostitution — qui semble, depuis ces dernières années, avec l'Alcoolisme, SON AUXILIAIRE DIRECT, *prendre un si grand développement dans nos cités industrielles et commerciales et qui menacent, l'une et l'autre, d'envahir nos centres agricoles, jusqu'à ce jour préservés.*

Encouragé par les suffrages d'un certain nombre d'hommes de cœur, je livre donc cette conférence, qui forme la deuxième partie de ce livre, au jugement de l'opinion publique qui, je l'espère, n'y voyant que l'intention, sans se préoccuper de la forme, voudra bien l'accueillir avec bienveillance.

Quoi qu'il en soit, je crois accomplir à la fois un devoir de citoyen, de père de famille, en publiant ce livre : cette conviction me suffit pour braver toutes les railleries et mépriser toutes les attaques.

Lyon, le 25 juillet 1885.

LOUIS COMBET,

Médecin, ex-aide major de 1re classe à l'armée de la Loire,
Membre de la Ligue pour le relèvement de la morale,
Adjoint au Maire de Lyon.

AVANT-PROPOS

L'Alcoolisme et la Prostitution étant en ce moment les deux plus grandes plaies de notre société moderne, les causes les plus directes comme les plus puissantes de la dégénérescence de la jeunesse française, autant dans un sexe que dans l'autre. Effrayé à juste titre du danger que font courir à la France ces deux causes d'abaissement des mœurs, de la désaffection de la famille amenant peu à peu, avec la ruine du sentiment patriotique, une décroissance toujours plus accentuée dans la population.

En présence de la criminalité que ces deux fléaux — l'Alcoolisme et la Prostitution — engendrent, bien que notre autorité scientifique soit des plus modestes et notre nom des plus obscurs, nous pensons accomplir un devoir, faire un acte de bon citoyen en venant soumettre au jugement du public les quelques réflexions qui nous ont été inspirées par la conférence très scientifique et très intéressante à tous les points de vue, qu'a bien voulu donner, le 22 mars 1884, au Palais-du-Commerce, le docteur Ladame, sur ces deux importantes questions — l'Alcoolisme et la Prostitution.

On appellera jamais trop l'attention des hommes de progrès et de liberté, des savants et des législateurs, sur la nécessité de cautériser et de guérir la société de ces deux chancres redoutables.

Quel que soit le résultat de nos efforts pour arriver à l'accomplissement de ce but régénérateur, nous inspirant de la devise des hommes de principe : FAIS CE QUE DOIS, ADVIENNE QUE POURRA, *nous continuerons, dans la mesure de nos forces, à combattre le fanatisme religieux et le matérialisme athée, ces deux frères jumeaux de l'Alcoolisme et de la Prostitution — ces moteurs de tous les crimes, aussi bien dans l'antiquité que dans les temps modernes !*

Lyon, le 25 avril 1884.

L. COMBET.

DE LA

PROSTITUTION

LES CAUSES — LES REMÈDES

> La Prostitution est la guerre de l'homme contre la femme ;
> Guerre qu'il faut combattre, vaincre et détruire.
>
> L. C.

PREMIÈRE PARTIE

Tout le monde parle contre la prostitution, des moyens de l'atténuer ou de la supprimer; les uns réclament une loi réglementant cette orgie sociale; d'autres, au contraire, veulent laisser se noyer librement ce flot purulent et d'infection dans le grand torrent de la vie mondaine, espérant peut-être qu'il ira en s'affaiblissant pour disparaître complètement ensuite.

Les deux systèmes, soutenus également avec chaleur et talent, tendent au même but : apporter une garantie à la santé publique, diminuer de plus en plus les effets désastreux et terribles de cette plaie, toujours plus envahissante, rongeant les moelles et le cerveau de la société actuelle.

Les deux systèmes — celui de la réglementation, comme celui de la liberté complète — oublient l'un et l'autre, selon nous, que l'on ne réglemente pas le vice et la corruption, pas plus que l'on ne saurait les combattre et les anéantir en leur mettant la bride sur le cou. Nous estimons que ce n'est point entrer dans le vif de la question que de chercher seulement à sauvegarder matériellement de la maladie ceux qui vont chercher un passe-temps bestial dans les maisons de tolérance surveillées, ou dans les maisons de débauches libres.

Qu'armés de leurs chiffres statistiques, les amants de la police des mœurs, ou leurs adversaires, viennent démontrer l'avantage de la réglementation ou de la liberté par le plus ou moins grand nombre de cas de syphilis constatés sous telle ou telle législation des pays voisins. — Cela ne prouvera pas que le danger de la prostitution n'existe que d'un seul côté. — Réglementée ou libre, la prostitution est partout, non seulement une maladie, mais un crime social. Et toutes ces statistiques, faites avec la plus entière bonne foi et un but louable, n'apporteront aucun argument assez décisif pour entraîner le législateur vers un système plutôt que vers un autre. Ce qu'il faut, ce n'est donc point de la réglementer ou de la laisser libre, mais de supprimer, de tuer la prostitution.

Ce que l'on serait en droit de reprocher aux deux systèmes, c'est que les uns et les autres semblent beaucoup plus préoccupés de rendre les effets de la prostitution moins infectieux, moins redoutables pour ceux qui en sont les clients, que de la supprimer totalement. On va jusqu'à soutenir — chose impie! —

qu'elle est une chose utile, nécessaire, absolument nécessaire dans les grands centres!...

On voit bien que c'est le sexe, soi-disant le plus fort — au point de vue matériel — qui discute, creuse et résout le problème; aussi conclut-il en faveur, non de la morale et de la justice, mais en faveur de son égoïsme et de ses passions.

Il entend, violant les grandes lois de la nature, se posant en arbitre souverain de la terre, organiser à son profit la débauche et l'orgie. Dans son orgueilleuse imbécillité, considérant la femme comme un être inférieur, il veut avoir le droit seul d'en user et abuser, sans aucun souci pour sa précieuse santé ou son avenir. De cet esprit d'égoïsme et de cette folle prétention est née la réglementation de la prostitution, c'est-à-dire la dégradation et l'exploitation de la femme.

Déjà, dans notre société actuelle, l'homme s'est reconnu le droit de ne point s'occuper de l'enfant qu'il met au monde et qu'il abandonne ensuite au hasard du vice et du crime. La jeune fille, elle, qui aura cru à ce lâche, sera déshonorée et sa vie brisée; la société la montrera au doigt, et souvent, descendant peu à peu tous les degrés de la misère, ira s'abîmer dans les flots fangeux de la prostitution, pendant que son enfant abandonné, lui aussi, ira peupler le monde des prisons et des bagnes, après avoir commis parfois quelque crime chez son véritable père, qui, lui, Don Juan ramolli et gaga, sera devenu le mari d'une riche héritière.

Oui, cela est triste à constater: complice de ce misérable, la société accepte, excuse, tolère de pareilles infamies du côté de l'homme. Soutenu, encouragé par cette déviation à toutes les lois d'équité et de justice, que lui importe alors à cet homme à bonne fortune, à ce galantin du café, de la brasserie ou de l'assommoir, les enfants que, par violence ou par entraînement, il peut mettre au monde entre un bock ou une absinthe. Si, plus tard, la malheureuse violentée, trompée, abusée par lui, vient réclamer quelque chose pour elle ou pour l'enfant dont il est le père, sous les fumées du tabac et du vin, poussant un formidable éclat de rire, il lui répondra que rien n'est moins certain qu'il soit le vrai père, et qu'en tous les cas il s'en soucie comme d'une guigne!.. la chassant, ou la faisant arrêter par la police, au besoin, si la mère trompée réclame trop brutalement pour l'enfant.

Et, ce qui est le plus triste, le plus honteux! c'est que cette société béate, dévote, qui crie contre la prostitution, qui réclame des mesures énergiques contre cette lèpre infâme, quatre-vingt-dix-neuf fois sur cent donnera raison au suborneur; et des mères de famille très honorables, connaissant parfaitement de telles actions, ne rougiront pas de donner pour mari un de ces monstres à leur fille!

De complicité avec la société actuelle, l'homme s'est donc assuré toutes les garanties en faveur de ses passions : il a hautement — dans un but de morale, a-t-il osé dire! — déclaré que la recherche de la paternité était interdite; oubliant tous sentiments humains, il peut donc procréer à son aise; que lui importe les suites. De par la loi, qu'il s'est faite à son profit, il ne lui en incomberait aucune espèce de charges. Pourquoi donc mettrait-il un frein à ses passions?..

La religion — quelle qu'elle soit — aussi bien que

la politique, l'ayant fait roi absolu sur la terre, l'homme s'est établi un code pour lui-même. Etant le plus fort, il a mis dans ce code — en profond égoïste qu'il est — et généreusement, TOUS LES DROITS de son côté; quand à la femme, il lui a très charitablement accordé TOUS LES DEVOIRS.

Aussi, de par SA loi, à lui, il est déclaré irresponsable de la paternité hors mariage. Les enfants, cela est convenu dans ce cas, ne comptent pas; ils deviennent ce qu'ils peuvent, et leur père n'a que faire d'y songer. Il peut donc, à l'instar des rois débauchés et des papes incestueux, en peupler le monde; il n'est pas responsable de leur existence, de leur vice ou de leur vertu, de leurs bonnes actions ou de leurs crimes.

Mais, malgré ce code inique, soutenu par de prétendus philosophes, comme il lui en cuit parfois de traverser le flot fangeux de la débauche, qu'il en sort parfois ankilosé des membres ou pourri jusqu'à la moelle, l'homme réclame des garanties sérieuses contre ses aberrations crapuleuses, et alors surgit cette lutte, non pas pour la suppression et l'anéantissement de la prostitution, mais pour sa réglementation, ou pour l'atténuation de ses effets sur la santé de l'homme.

Eh bien! nous qui sommes pour la suppression des maisons de tolérance, aussi bien que pour la suppression de la prostitution elle-même, nous avons la conviction profonde que les deux systèmes — réglementation ou liberté — ne diminueront en rien les dangers toujours grandissants de cette plaie sociale, pas plus qu'ils ne feront baisser le nombre des prostitués, femmes ou hommes.

Pour arrêter et tuer ce crime infâme, pour cautériser

ce chancre hideux qui est attaché aux flancs de toutes les grandes cités d'Europe et d'Amérique, ce n'est ni en le laissant libre, ni en le réglementant qu'on y arrivera; il faut chercher plus haut le remède, et ce n'est que dans l'ÉDUCATION — nous ne disons pas INSTRUCTION! — de l'individu, en vue de l'organisation et de la conservation de la famille, que se trouve le vrai, l'indiscutable remède.

C'est par l'enseignement de la morale pure et de la justice vraie, dégagées de toute superstition, de tout fanatisme, c'est par l'honneur et la probité en toutes choses, enseignés à la jeunesse, que vous arrêterez sûrement la marche envahissante de ce cancer social appelé à dévorer, après les avoir corrompues, la génération présente et celles qui vont suivre.

Mais, par des mesures purement hygiéniques ou coercitives, espérer abaisser ce crime social, il n'y faut pas compter! Et pour s'en convaincre, il suffit de juger l'homme par lui-même. En effet, l'homme chez qui la matérialité domine le spiritualisme, qui s'est mis, ou qui a été mis par la faute d'autrui, en dehors des lois naturelles, trouvera toujours le moyen d'enfreindre les lois humaines; c'est une lutte, lutte pour la possession de la chair, qu'il accepte avec d'autant plus d'orgueil qu'il se sait applaudi par la galerie. Le gendarme pas plus que le juge, la prison pas plus que le bagne ou l'échafaud ne sauraient le convaincre et l'arrêter sur la pente fatale où il s'engage avec la prostitution. De débordements en crime il ira jusqu'au bout.

Mais, au contraire, si, rentrant dans le domaine de la grande nature et de ses lois universelles, égales pour tous, l'homme sent en lui une âme immortelle agir sur tout son être; feu divin, éternel, le faisant à la fois libre en ce monde, mais responsable de ses actes au delà de la tombe; cet homme, n'y aurait-il aucune loi contre le vol, contre le viol, contre le meurtre, celui-là ne violera point, celui-là ne tuera point, celui-là ne commettra aucune action infâme; car l'esprit, vivifiant la matière, sera le frein le plus puissant pour maintenir en équilibre ses passions avec ses devoirs.

Mais lorsque vous viendrez, au nom d'une science prétentieuse et funeste, déclarer à cet homme, déjà enclin à l'égoïsme et à l'orgueil, que, descendant du singe, il n'est qu'un composé de matières organiques et décomposables, dont les molécules seront un jour dispersées au vent; que ses mauvais comme ses bons penchants, le vice comme la vertu, ne sont que des sécrétions naturelles tenant à la forme de l'encéphale; que, par conséquent, il n'y a pas logiquement de responsabilité individuelle; que Néron, Héliogabale ou Caligula ne sont pas plus responsables de leurs monstrueux forfaits que Caton, Fabius-Maximus ou Thalès ne peuvent s'enorgueillir de leurs vertus; quand, au nom de cette prétendue science expérimentale, fondée sur la vivisection de quarante mille chiens atrocement torturés chaque année dans les amphithéâtres de nos facultés; quand, au nom de ce progrès à rebours, de votre ton dogmatique et pédant, vous viendrez affirmer que l'individu est sans responsabilité réelle, que tout dépend des formes et du volume de son cerveau, que tout est mort, bien mort dès qu'il a rendu le dernier soupir, que rien ne survit, que, conséquemment, il n'existe et ne peut exister aucune sanction de justice aussi bien pour l'homme vertueux que pour le criminel; vous aurez ce jour-là, sachez le bien, ô philosophes épicuriens! jeté dans la conscience humaine le plus terrible, le plus affreux ferment de corruption, et travaillé, sans le vouloir — sans le comprendre, peut-être, — au développement de cette prostitution, que nous vous défions de réglementer jamais, comme nous vous défions, avec la liberté, de la rendre moins fatale pour le corps social.

De même que vous, ô prêtres de la religion catholique, pieux avocats et défenseurs des monarchies tombées; vous qui prétendez impudemment avoir reçu de Dieu le pouvoir d'effacer et de remettre les péchés et les crimes par une confession quelconque ou des prières payées; vous êtes également les complices involontaires de toutes les monstruosités qui se peuvent commettre sur la terre; car, fondant votre religion sur l'imposture, le mensonge et l'ignorance, vous avez jeté dans le cœur de l'être vicieux et corrompu cette espérance, que disons-nous? cette certitude qu'avec vos prières et votre absolution, eût-il empoisonné sa mère et violé sa fille, vous le rendez aussi pur devant Dieu que le plus vertueux des hommes!!

De plus, comme pour affirmer davantage votre code d'immoralité, pour jeter toujours plus avant l'esprit humain dans l'égoïsme et la dépravation, vous avez osé dire, comme parole sacrée, que dans le ciel *il y aura plus de joie pour un criminel repentant, au moment de la mort, que pour cent justes!..*

Ainsi donc, offrant en quelque sorte une prime à tous les crimes, vous osez affirmer qu'il suffira à Alexandre VI, ce pape incestueux et empoisonneur, à Innocent III, ce pape bourreau de l'humanité, à Charlemagne, à Louis XIV, ces égorgeurs de morale et de nations, aussi bien qu'aux Torquemada, aux abbés de Citeaux et autres bandits dont les noms ont épouvanté la terre, il leur suffira à tous, dans la peur de ce terrible inconnu, la mort, de crier : « Je me repens ! » d'être béni par un homme quelconque, habillé en prêtre de nous ne savons quel culte, pour que ces monstres soient mieux accueillis par Dieu que des saint Vincent de Paul ou des Fénelon ?

Athées, matérialistes, catholiques ou dévots pratiquants de toutes les religions ; les uns et les autres, en niant comme en matérialisant Dieu, en faisant de l'homme le roi de la création, et de la femme son humble servante, en refusant tous de vous guider d'après les lois divines de l'universelle nature — qui sont les lois de la solidarité des mondes — et de reconnaître, avec l'immortalité de l'âme, le respect absolu de la vie humaine. Les uns et les autres, disons-nous, vous conduisez la société aux mêmes abimes, c'est-à-dire à la dégradation des esprits, à l'égoïsme et à la soif des jouissances de toutes natures, qui ont pour effet ces deux crimes : la guerre et la prostitution. Car, l'une est la conséquence de l'autre.

Nous avons entendu dire avec emphase aux partisans de la réglementation de la prostitution et de la police des mœurs, que cette police était indispensable, parce que, en somme, il y avait quatre cent mille mères de famille qui avaient bien le droit d'être rassurées sur leurs quatre cent mille enfants appelés chaque année sous les drapeaux par la conscription.

Ce n'est point nous qui nieront jamais le droit des mères de familles; nous trouvons, au contraire, qu'il est mal défini, et qu'il pourrait, avec tout profit pour la société, être considérablement étendu et mis en rapport avec celui du père de famille.

Mais, dans l'espèce, nous nous permettrons de dire à ces quatre cent mille mères de famille que le meilleur et le SEUL moyen de sauvegarder la santé de leurs fils, c'est de leur apprendre, dès le plus bas âge, que l'homme — en dépit de toutes les affirmations plus ou moins ingénieuses de M. Nicolle — n'est et n'a jamais été un orang-outang perfectionné; que, contrairement à toutes les affirmations bestiales de l'école matérialiste des Darwin, soutenus par les auteurs naturalistes de la littérature fangeuse de notre époque, l'homme n'a pas été créé seulement dans un but de lutte « *pour la chair* et pour la possession de la femelle ! » Qu'il y a en lui quelque chose de plus grand, de plus noble, de plus généreux et de moins bestial. Apprenez-lui, vous, ô mères de famille ! que si ce fils que vous chérissez veut être un jour aimé, avoir une famille dont il sera fier et dont lui-même sera l'espérance et la joie, ce n'est point s'assurer cet avenir et remplir cette mission que d'aller — soldat ou civil — s'enivrer dans les assommoirs et les brasseries, ou se pourrir le corps et l'âme dans les maisons de prostitution, dont nous autres, libres-penseurs et déistes, nous réclamons la suppression absolue.

Nous dirons encore à ces quatre cent mille mères de famille qu'elles n'ont pas le droit de ne songer qu'à la santé de leurs fils; elles doivent se souvenir qu'elles sont femmes, songer aussi à la santé comme à l'honneur et à l'avenir des jeunes filles. Qui veut la vertu dans un sexe doit l'exiger dans l'autre. Que penser de cette société qui exige la virginité pour la fiancée, et reçoit, sans dégoût, pour époux l'être vicié et corrompu par de longues et crapuleuses débauches?..

Que ces mères de famille, qui veulent que la santé de leurs fils soldats soit sauvegardée, leur répètent moins souvent ces maximes immorales: *Qu'il vaut mieux en mariage un fou fait qu'un fou à faire. Que les garçons ont le pied blanc. Qui a des poules les garde!..* Nous ne faisons à aucune de ces mères l'injure de croire qu'elles excuseraient leurs fils de s'emparer d'un porte-monnaie à portée de leurs mains, et dont le propriétaire aurait eu l'imprudence de ne point le cacher à sa vue. Nous mettons absolument sur le même rang l'homme qui commet un vol de confiance et celui qui, jeune ou vieux, abuse de la confiance d'une jeune fille pour la tromper, la déshonorer et l'abandonner ensuite; entre ces deux criminels, ce serait pour le premier que nous aurions le plus d'indulgence, car, nous le répétons, celui qui poursuit pour la séduire et la tromper, une jeune fille, n'est qu'un vil escroc de l'honneur, que la loi devrait punir comme tel.

C'est en vain que dans son orgueil, fier de sa force matérielle, se faisant la meilleure part dans la société, l'homme — religieux ou politique — se soit proclamé supérieur à la femme; tout dans la nature lui crie qu'il a menti et qu'il ment chaque jour. Il y a pour l'un et l'autre sexe des attributions naturelles différentes, définies avec soin, et réglées par les grandes lois de la nature; mais justement, à cause de cette différence d'attribution, la femme est égale à l'homme, l'un et l'autre forment un TOUT complet qui ne saurait naître, vivre et se développer l'un sans l'autre. Donc, devant la nature, devant la raison, devant la morale, devant l'équité — droits égaux pour tous deux ! pour tous les deux également *devoirs* réciproques, quoique dans un ordre différent.

Si donc vous, hommes, vous croyez de votre honneur et de votre dignité de n'épouser que des vierges, ne soyez pas pourris de syphilis jusqu'à la moelle, lorsque vous prétendez entrer dans une famille honnête et pure. Ne venez pas, comme vous le faites si souvent, dans nos cabinets de consultation, nous montrer vos chancres et les accidents secondaires de vos maladies honteuses, nous dire : « *Docteur, je me marie dans un* « *mois, il faut absolument que vous me fassiez dispa-* « *raître ça !..* »

Et vous, mères de famille, qui tremblez pour la santé de vos fils, qui voulez le relèvement des mœurs, reculez devant ces misérables ; et, fussent-ils dix fois millionnaires, refusez pour vos filles ces bandits de l'amour qui, épuisés, abêtis, corrompus, ayant jeté aux quatre vents de la débauche et de l'orgie leur santé, leur esprit et leur force, ayant semé sur leur route, et rejeté comme des épaves sans valeur, de pauvres petits êtres qui deviendront ce que le hasard voudra, ne viennent solliciter la main des jeunes héritières que pour payer leurs dettes de jeu, et pour servir de remède et d'exutoire à leur dégoûtante maladie !

Et vous, hommes de science, écrivains, littérateurs et poètes, cessez de répéter aux jeunes gens ces affirmations immorales et menteuses, qu'il est nécessaire que l'homme jeune aille de droite et de gauche pour jeter sa gourme, et s'embarquer quelquefois pour Cythère, afin de rafraîchir son cerveau.

Ces affirmations qui ne reposent absolument sur rien de réellement exact, ne servent qu'à justifier la prostitution et à abaisser le nombre des mariages des hommes jeunes et forts. De plus, ces affirmations sont une insulte directe à la morale autant qu'à la justice ; car enfin, si, pour un instant, vous pouvez admettre cette doctrine comme vraie, rien ne serait plus facile de démontrer — de par les lois naturelles — que cette doctrine doit s'appliquer également au sexe féminin qui, selon sa force physique, sa vitalité, son tempéramment impressionnable, peut avoir, lui aussi, ce besoin d'épanchement que vous proclamez utile, nécessaire, indispensable au sexe masculin — un peu parce que vous en êtes, ô messieurs Josse! — Mais accepteriez-vous, philosophes inconséquents autant que funestes, cette égalité de mœurs chez la jeune fille comme chez le jeune homme, et, le jour de votre mariage, seriez-vous très heureux de trouver à vos côtés une mariée qui, semblable à nos petits crevés d'aujourd'hui, aurait, elle aussi, jeté ses gourmes?..

Vous ne pouvez cependant, au point de vue de l'équitable justice, exiger plus de retenue, plus de décence, plus de vertu dans un sexe que dans l'autre. Vous avez même tous, gens religieux, politiques ou savants, fait de la femme un être inférieur à vous, donc moins parfait et moins fort. Comme conséquence logique de votre doctrine, vous devriez alors organiser des maisons de tolérance d'*hommes publics* pour vos filles, dans lesquelles maisons vous forceriez d'entrer tous les hommes excitant à la débauche — quelque soit leur nom, leur qualité, leur titre ou leur dignité — bourgeois, citadins, princes, prélats, ministres, moines ou députés; à l'aide de votre police des mœurs vous les enregistreriez, vous les forceriez à subir la visite médicale comme des filles de joie, et les enfermeriez à l'hôpital, s'ils étaient infectés de maladies contagieuses.

Une telle organisation serait profondément immorale, mais du moins ce serait avec la logique de la honte, la justice appliquée aux serviteurs de cette déesse immonde : LA PROSTITUTION !

Mais vouloir — législateurs à courte vue — conserver votre droit absolu à la débauche; vouloir, pour vos fils en rut, une armée de malheureuses filles destinées à leur procurer, à bon marché, des plaisirs sans dangers? vous n'y parviendrez jamais! ni avec la police des mœurs, ni avec la liberté. La prostitution est une monstruosité de notre société moderne; c'est une violation du droit naturel et, comme châtiment mérité pour le peuple qui la tolère et s'y livre, elle porte avec elle la corruption, la dégénérescence et la mort!

Un peu moins de science anthropologique démontrant que l'homme n'est qu'un orang-outang perfectionné; un peu plus de bon sens et d'étude des grandes lois du monde universel, nous faisant reconnaître que la femme, devant la nature, est égale à l'homme — que, par conséquent, elle a les mêmes droits comme les mêmes devoirs. — De cette contestation, il en résultera un respect plus grand pour la femme comme pour la jeune fille, et, au lieu d'aller d'une extrémité à l'autre dans votre appréciation sur la femme, selon l'âge de vos désirs ou de votre décrépitude, en faisant exagérément d'elle un ange, une poupée, une esclave ou une bête de somme, vous la considérerez vraiment pour le rôle que la nature lui a donné, pour ce qu'elle doit être dans la société, c'est-à-dire: le complément de l'homme, la conseillère intime et toujours respectée de la famille, le premier et le seul instituteur de l'enfant jusqu'à l'âge de l'adolescence.

Et de ces attributions, reconnues à la femme par la société, découleront pour vous, ô hommes! qui vous croyez les rois de ce monde, un bien-être plus grand, une augmentation de force virile aussi bien dans vos muscles que dans votre intelligence; et ce sera sur la terre un apaisement de ces passions dégradantes, monstrueuses des Alexandre et des César, ces héros du vice chantés par les poètes imbéciles; passions amenant la folie des individus comme des nations; les poussant dans cette autre folie criminelle qu'on appelle la guerre! et que des insensés, sous l'empire de l'alcoolisme et de cette fumée sanglante, qu'on appelle la gloire militaire, voudraient encore allumer parmi nous.

Partout où la femme est traitée en inférieure à l'homme; partout où elle est, non sa compagne, mais son esclave, comme chez les peuples de l'Orient et de l'antiquité, la civilisation recule, et les Alexandre finissent leur existence comme les compagnons d'Ulysse, sous les effluves dévorantes de la luxure et de la débauche.

Partout, au contraire, où la femme est mieux respectée, le niveau du progrès s'élève, les mœurs s'adoucissent, et avec une somme plus grande de moralité, un développement plus considérable dans les manifestations des sentiments de fraternité sociale.

Qu'on ne vienne donc plus, avec un pédantisme soi-disant scientifique, au nom de nous ne savons quelles lois spéciales à l'usage de l'être MALE, affirmer qu'il est absolument nécessaire de le laisser se jeter dans le torrent des passions bestiales, pour remplir les conditions physiologiques destinées à le rendre propre au mariage. Une thèse semblable est insoutenable et d'une immoralité révoltante. Et, bien qu'elle soit défendue avec talent, expliquée avec art, d'après les lois d'une psychologie étonnemment fantaisiste, ce n'en est pas moins, en faisant une entorse à la vérité, un encouragement donné à la débauche, une excuse fournie à la prostitution. Aussi, comme conséquence forcée et logique de cette thèse immorale, effrayés des résultats qu'elle peut avoir sur la santé publique, les auteurs réclament-ils avec énergie l'organisation de la police des mœurs !

Quant à nous qui ne séparons pas les droits et les devoirs — de l'homme et de la femme, — qui n'avons pas en justice, en morale, comme en politique, deux poids et deux mesures, nous répondrons que l'on ne réglemente ni le vol ni l'assassinat : on les poursuit, on les condamne, on les supprime. La débauche et la prostitution sont des crimes qui en enfantent d'autres. La prostitution doit être supprimée.

Comme tout ce qui vit, respire et meurt dans la nature entière — l'homme et la femme, UNITÉ INDIVISIBLE de la création divine — sous l'influence des lois attractives et universelles, sont destinés à être entraînés l'un vers l'autre, attirés par cette puissance instinctive, magnétique, irrésistible, que l'on nomme l'amour. C'est là le but, la loi universelle du créateur de l'univers.

La société a donc pour devoir d'en favoriser l'accomplissement et, sous l'égide du mariage, de faciliter la formation et le développement de cette chose sacrée qu'on appelle la famille, et dont les bases, allant toujours en s'élargissant, s'appelleront plus tard la commune ou, mieux encore, la patrie !

L'amour vénal, au contraire, en laissant de côté même les maladies honteuses et héréditaires, dont il couvre le monde présent et menace l'humanité dans l'avenir, l'amour vénal, disons-nous, détruit non seulement l'individu, mais désorganise la famille ; arrête son essor, fait crouler la nation dans la fange d'un césarisme abject, et la prépare à toutes les catastrophes sanglantes !

Guerre donc à la prostitution ! Sous quelle forme qu'elle se présente, législateurs, philosophes, écrivains, journalistes, vous tous qui prétendez aimer la France et voulez son relèvement, hâtez-vous de modifier nos lois et notre littérature ; à la place de ces thèses immorales, soutenues par cette école réaliste qui déshonore le monde des lettres — prêchant les amours libres et la non responsabilité de la paternité — préconisez le mariage dès l'âge adulte ; mais que cet acte, le plus important de la vie de l'homme et de la femme, ne se fasse plus au nom d'un chiffre quelconque de pièces de *cent sous !* Mères de famille, n'associez plus l'un à l'autre seulement deux sacs à écus de la même contenance, mais laissez se chercher, se trouver et s'aimer, dans l'invisible sentier de l'amour véritable, ces deux jeunes existences faites pour s'unir ensemble, non seulement par les liens de la chair, mais par ce lien idéal et immatériel, qui résiste et survit à la mort.

Vous souvenant que tous ici-bas nous arrivons entièrement nus sur la terre, par conséquent égaux tous devant la nature, recherchez, ô mères ambitieuses! pour vos enfants, moins la richesse de la fortune que celle inappréciable de l'esprit et du cœur, de la probité et de la vertu. Grâce à cette conduite prudente, morale, respectueuse des lois universelles, vous tuerez à jamais la prostitution; la santé de vos fils sera désormais entièrement sauvegardée, car, n'étant plus alimentées par eux, les maisons de tolérance disparaîtront par le vide mortel que la pratique de la vertu fera autour d'elles.

CONCLUSION

En ce temps d'égoïsme étroit, de matérialisme abject, de scepticisme à outrance, entretenus par l'école expérimentale des Darwin modernes, d'une part, et un fanatisme imbécile, soi-disant religieux, poussant à l'adoration, non d'un Dieu créateur de toutes choses ou à l'observation de ses lois, mais, au contraire, à la haine de tout ce qui ne croit point à ses stupides superstitions, d'autre part. Nous savons que nos idées, émises au grand jour de la publicité, feront peut-être rire bien des gens qui ne voient dans les idées religieuses qu'une affirmation d'une foi aveugle et idiote; dans la libre pensée, qu'une négation absolue et universelle.

Mais fortifié par notre conscience, dans la mesure de nos forces, croyant accomplir un devoir en attendant de voir ces idées prises en sérieuse considération, apercevant dans l'avenir — avenir prochain — le danger que la prostitution fait courir à l'existence même de notre chère patrie; au nom du relèvement de la France abrutie par quatorze siècles de monarchie, et près d'un demi-siècle d'empire césarien — Napoléon Ier et Napoléon III. — Au nom de l'intégrité du sol et de l'indépendance nationale, que ne sauraient défendre les clients des maisons de tolérance, pas plus que leurs défenseurs que nous avons vus, en 1871, installés à Genève avec les filles de joie, attendant, indifférents dans l'orgie et la débauche, aussi bien le triomphe que la mort de leur patrie!

Au nom de la morale, qui seule grandit l'individu comme la nation, développe ses facultés physiques et intellectuelles, lui apporte le respect de sa dignité comme elle lui donne le respect de la dignité des autres; au nom de la justice qui doit être équitable pour tous, sans distinction de sexe, nous réclamons l'abolition absolue de la prostitution en France, et pour y parvenir, voici le remède que nous proposons aux législateurs comme aux hommes de gouvernement :

1° Egalité des salaires de l'homme et de la femme, pour tous les travaux similaires. — Les besoins de la femme, dans un ordre différent, étant aussi grands et demandant une égale dépense.

Il est souverainement honteux de voir des industriels, des commerçants, se disant honnêtes gens, oser faire travailler des femmes ou des jeunes filles pour un salaire dérisoire de 0,75 centimes à 1 fr. 25 c., alors que l'homme ne l'exécuterait point pour une somme trois fois plus forte. N'est-ce pas pousser cette femme ou cette jeune fille dans les bras de la prostitution, pour obtenir de cette honte, ce que le travail incessant et honnête lui refuse lâchement?

2° Suppression absolue des maisons de tolérance; application des lois de droit commun contre tout individu — homme ou femme — excitant par gestes ou par paroles, dans des lieux publics ou dans la rue, les passants à la débauche; assimilation, pour la peine, à celle appliquée pour le crime d'attentat à la pudeur. Devraient être compris dans cette catégorie tout industriel, compagnie ou usine faisant travailler des jeunes filles pour un salaire insuffisant (1).

3° Application de la loi contre l'attentat à la pudeur pour tout livre, feuilleton, article de journaux, pièce de théâtre, chanson de concert, imagerie obscène et excitant à la débauche;

4° Tout en respectant la liberté absolue de la presse, et justement à cause de cette liberté, exiger la signature de tous les articles de journaux, de brochures, revues, etc., publiés sur quelque sujet que ce soit, car est toujours fourbe ou lâche celui qui cache ses élucubrations ou ses écrits sous le voile de l'anonyme;

5° Réglementation et limitation du nombre des cafés, cabarets, assommoirs, comptoirs, etc., ces lieux d'alcoolisme, ces antichambres des maisons de fous, des prisons et des bagnes, causes premières de la prostitution (2);

---

(1) Devrait être compris dans cette catégorie de gens excitant à la débauche, les directeurs de théâtres offrant des appointements de 150 à 200 francs par mois, à des emplois de femme, pour lesquels 1500 à 2000 francs de toilette sont nécessaires. Voir la *Gazette des Tribunaux* et le jugement du tribunal de Paris. Mai 1884.

(2) En parcourant les statistiques officielles, au sujet de la progression et des désordres de l'alcoolisme en France, on recule épouvanté lorsque l'on constate l'augmentation toujours croissante de la consommation du vin et de l'alcool allant de pair avec la misère, la prostitution et le crime.

De 1830 à 1860, Paris buvait, par habitant, environ 100 litres de vin. — De 1861 à 1869, la consommation a été de 160 à 197 litres. — De 1872 à 1881, elle s'est élevée de 219 à 228 litres.

6° Appliquer le droit commun (l'action civile) dans le cas de maladies honteuses communiquées dans ou hors mariage, avec les dommages-intérêts pour incapacité de travail;

7° Autoriser la recherche de la paternité, et, sans exiger le mariage, au nom de la raison et de la justice, forcer le père à l'éducation et à l'entretien de son enfant jusqu'à sa majorité.

Les législateurs qui aiment mieux courir les aventures galantes que de légiférer au nom de la saine morale, se récrieront peut-être vivement, contre cette proposition de haute justice comme d'indéniable moralité, craignant déjà d'en subir les conséquences; ils prétendront qu'avec la recherche de la paternité auto-

---

Le budget relatif aux boissons était, en 1840, de 280 millions; aujourd'hui, il dépasse le chiffre énorme de 575 millions!

L'ivrognerie est donc une plaie sociale : moins il y a de cabarets dans un département, moins il y a d'ivrognes, de pauvres assistés, de criminels, et la prostitution est considérablement moins développée.

Exemple : Dans le département de la Seine il y a un cabaret pour 83 habitants, un assisté par 17 et un condamné par 138. Quant à la prostitution on est effrayé de son développement.

Dans le département du Rhône on compte un cabaret pour 70 habitants, un assisté pour 17, un condamné pour 210.

Au contraire, dans les Pyrénées-Orientales, où l'on ne compte qu'un cabaret sur 147 habitants, le nombre d'assités n'est plus que de un sur 240 et les condamnés de un sur 405, et la prostitution est à peu près nulle.

Il est donc nécessaire urgent de réglementer le nombre des établissements publics, d'amener peu à peu la fermeture des cabarets, que des réformateurs imbéciles — ou des flateurs ambitieux, aspirant à devenir ses maitres — ont surnommé les salons du peuple et que nous appelons, nous, les égouts collecteurs de la prostitution, de la prison, du bagne et parfois de l'échafaud!

L. C.

risée, il n'y aurait plus de sécurité pour personne, et qu'un grand nombre de pères de famille pourraient se trouver les victimes d'un chantage odieux; et sur ce chapitre on échafaudera certainement, comme on l'a fait déjà, une foule de difficultés, de scandales qui naîtraient de l'adoption de cette mesure que les bonnes mœurs réclament énergiquement. Profondément convaincu que la recherche de la paternité serait le plus puissant moyen pour couper court à la prostitution, nous demandons à nos contradicteurs intéressés si l'impunité absolue, que donne la loi actuelle à l'homme contre les recherches de ses paternités nombreuses, hors mariage, ne constitue pas des scandales plus grands et un nombre de victimes plus considérable? Il est vrai que les victimes ne sont que du côté des jeunes filles ou des femmes, et cela ne touche nullement certains de nos législateurs ou magistrats, ayant fait leurs premiers pas, appris la politique ou le code dans les brasseries, dans les assommoirs ou dans les lupanars.

Nous le répétons, la recherche autorisée de la paternité mettra un frein à la débauche, amènera une diminution considérable dans le nombre des enfants abandonnés, et, peu à peu, l'extinction de ce crime horrible, l'infanticide, que les jurys de cour d'assises acquittent systématiquement.

Qui donc pourrait être opposé à une pareille réforme, si ce n'est les escrocs et les faussaires de l'amour?..

En somme, pour éviter le danger de se voir recherché comme auteur d'un enfant dont on ne sera pas le père, il suffira de rester honnête homme, et de ne point nouer des intrigues illicites dans le seul but de s'amuser. Car nous défions bien les Laïs et les Phrynées les plus éhontées de faire passer pour leur amant l'homme qui n'aura eu avec elle aucun rapport quelconque. Ce sera, après cette réforme, à l'homme, enclin à la galanterie, à réfléchir aux conséquences de ses actes avant de s'engager dans une intrigue plus ou moins amoureuse. Mais il est juste, moral, équitable que les Don Juan de l'industrie ou du comptoir, de la finance ou de l'atelier, qui veulent jouer aux Alexandre ou aux Priam, sachent que, célibataires, hommes mariés ou pères de famille, ils seront responsables devant la loi, comme devant la société, des enfants dont, par lâcheté vulgaire, ils nieront d'être les pères.

Comme complément de notre système de réforme et de suppression de la prostitution, en vue du relèvement de la France par la morale et par la pratique de l'épargne, et afin d'arriver de jour en jour à rendre de plus en plus inutiles les maisons de détention, les prisons et les bagnes, aussi bien que les asiles, les crèches, hôpitaux et les maisons de retraite pour les vieillards; dans le but de resserrer les liens, aujourd'hui si relâchés, de la famille, respectueux des droits égaux de l'homme et de la femme, nous demandons qu'il soit créé pour tous les individus — hommes et femmes — une CAISSE NATIONALE DE RETRAITE au moyen de l'IMPOT-ASSURANCE, consistant dans une cotisation de CINQ CENTIMES par jour — le prix d'un journal du matin, contenant trop souvent les romans orduriers ou obscènes de l'école zolaïste. — Cette prime d'assurance, payée à partir de l'âge de VINGT à SOIXANTE ans, produirait une rente annuelle et viagère de 300 à 725 fr., dans l'espace de vingt-cinq à soixante-quinze ans d'exercice de cette Caisse nationale de Retraite.

Et que l'on ne nous dise point que nous sortons de notre sujet; qui veut réellement améliorer les mœurs, doit vouloir aussi rendre la vie matérielle moins pénible, et assurer l'avenir: avec une cotisation journalière d'un *sou*, soit DIX-HUIT FRANCS 0,25 centimes par an, il est parfaitement démontré qu'avec les intérêts composés et les tables de mortalité on pourrait donner à chaque individu, ayant versé cette somme annuelle de l'âge de vingt à soixante ans, une rente variant, pour les quinze à vingt premières années d'exercice de la *Caisse nationale* DE RETRAITE — de trois cents à quatre cents francs, — pour les cinquante à quatre-vingt-quinze années, de six cents à sept cent vingt-cinq francs!

N'est-ce pas là un résultat splendide et un des meilleurs moyens, avec ceux proposés plus haut, pour arrêter et tuer la prostitution aussi bien que la misère?

Et en même temps, ô législateurs! que vous reconstituerez la famille, que par ces moyens, tous moralisateurs, vous détruirez l'alcoolisme, la débauche et le crime, qui en sont les résultats: ouvrez à l'Industrie, au Commerce, à l'Agriculture, de larges voies de communication, réunissez, par des canaux profonds, les Océans à la Méditerranée, utilisez toutes ces grandes voies — fleuves et rivières — dont la nature a si richement doté la France; faites prospérer le Travail, qui *seul* moralise, élève, vivifie et féconde les individus comme les nations. Et, dans un avenir, avenir prochain, sous l'empire de ce progrès incessant, par la seule force de la justice et de la raison, sans jactance inutile, mais avec cette fermeté que donne la droiture et la probité, dans un congrès européen, jugeant désormais les différends des peuples, vous obtiendrez le retour à la France de nos deux patriotiques cités : l'Alsace et la Lorraine, que ne reprendra jamais la génération fréquentant les brasseries, les assommoirs ou les lupanars !

Louis COMBET.

Lyon, 25 avril 1884.

DEUXIÈME PARTIE

DE LA PROSTITUTION — DU REMÈDE MORAL A Y APPORTER
DU RESPECT QUE L'ON DOIT A LA JEUNESSE EN VUE DE SON AVENIR

I

MESDAMES, MESSIEURS,

Dans les diverses réunions organisées par la ligue pour le relèvement de la morale, auxquelles vous avez assisté, vous avez entendu des voix plus autorisées que la mienne, qui vous ont, avec une véritable éloquence, énuméré les dangers de la prostitution clandestine, ainsi que les désordres, les infamies et quelquefois les crimes de la prostitution tolérée.

Les uns et les autres ont présenté et discuté avec conviction et chaleur — les thèses rivales — de la liberté ou de la réglementation, en y joignant les chiffres de la statistique de cette hideuse maladie qui dévore une partie de la jeunesse des villes.

Je ne viens donc pas refaire le travail de ceux — qui, mieux placés et plus compétents que moi — peuvent, avec un plus grand avantage, apporter à l'appui de leur thèse des faits et des chiffres pris dans les diverses localités de la France et de l'étranger. Si j'ai besoin d'appuyer moi-même la thèse que je défends par des chiffres, je les puiserai dans les ouvrages de MM. Fallot, Després, Yves Guyot et Parent-Duchatelet.

Du reste, mon but est de combattre à la fois, la liberté de la prostitution tout autant que sa réglementation, et de prouver que l'une, comme l'autre, détruit au moral et au physique notre génération présente, et dans l'avenir compromet le salut de la France, en amenant, avec sa dégradation, la dépopulation toujours de plus en plus accentuée de notre pays.

Ce que je veux essayer de prouver, en ce moment, c'est que nous sommes tous un peu responsables de cette lèpre honteuse — la prostitution — qui semble aujourd'hui envahir toutes les couches sociales et s'étendre jusque dans les campagnes, qui semblaient seules en être préservées.

En effet, messieurs, regardez ce qu'est aujourd'hui la littérature avec ses tendances outrées du naturalisme le plus abject. Regardez ce que sont devenus nos théâtres, sur lesquels pas une pièce à intention honnête, ayant un but moral ou instructif n'est représentée, où, bien au contraire, sur cette scène, qui ne devrait recevoir que des chefs-d'œuvre, des enseignements historiques ou des satires du vice, nous ne voyons s'étaler que des tableaux de prostitution, d'adultère et d'ivrognerie, dont nos auteurs actuels semblent savourer les âpres et répugnantes senteurs. Le journalisme est peut-être encore plus coupable, car, dans le choix de ses feuilletons, pas un journal ne se fera l'honneur de ne publier que des œuvres historiques, scientifiques et morales; non, c'est toujours le roman le plus immonde des Alexis Bouvier, des Zola, des de Goncourt, etc., qui sera offert en pâture à la jeunesse, le tout avec grand renfort d'affiches illustrées représentant les scènes les plus croustillantes de l'ouvrage. A côté du journal à un sou, jeté à profusion à la porte des ateliers pour faire connaître le roman nouveau, je ne vous parlerai pas de toute cette série de publications obscènes de Léo Taxil et autres rufians de la littérature, éditant non point les œuvres philosophiques de Voltaire, de Volney ou d'autres philosophes et écrivains, dans le but de faire de la lumière sur les erreurs et les préjugés, ce qui serait bien, ce qui serait digne de notre génie national : mais, osant faire reparaître en plein jour, avec illustrations, et pour la jeunesse, les traductions répugnantes de Rabelais, de Brantôme et, dernière aberration de l'esprit actuel, l'œuvre immonde du marquis de Sade !

Voilà, messieurs, une partie des coupables qui entretiennent dans nos cités laborieuses cette prostitution contre laquelle les amis du progrès — et, sans vouloir faire de la politique ici, — je dirai les vrais républicains doivent énergiquement protester s'ils veulent voir triompher cette forme gouvernementale, la seule équitable et juste, puisque appuyée sur le suffrage universel elle n'est que la conséquence logique de la volonté nationale !

Après nos terribles désastres de 1870-71, désastres auxquels, messieurs, j'ai eu le terrible et douloureux devoir d'assister comme médecin à l'armée de la Loire et de l'Est, on n'a cessé de dire : qu'il fallait songer à notre relèvement national. Personne plus que moi n'est convaincu de cette nécessité, mais pour obtenir ce relèvement, ce n'est pas seulement en formant des bataillons scolaires, en habituant les jeunes enfants au port d'armes, aux marches et aux fatigues; ce n'est pas même en emplissant nos arsenaux de matériels et de projectiles; en obligeant par une loi tout le monde à être soldat et en ayant une armée d'un million d'hommes que nous obtiendrons ce relèvement. Ce qu'il faut avant tout, c'est de faire des hommes, des citoyens ayant à la fois la pureté de l'esprit et du corps. De tels hommes feront, même mal armés, des soldats invincibles; les autres, habitués aux jouissances matérielles, pervertis par la débauche et la prostitution, sous les coups sans cesse répétés de l'alcoolisme, subiront des entraînements ou des paniques folles, produiront des Bazaine livrant nos villes et nos armées entières, mais ne feront jamais, ni des soldats, ni des citoyens dignes de ce nom.

La première chose à faire pour relever le niveau moral de la France c'est donc, messieurs, de faire une guerre sans trêve ni merci à l'alcoolisme et à la prostitution : ces deux plaies sociales qui ne peuvent aller l'une sans l'autre.

C'est à nos législateurs, c'est à tous les corps élus qu'il importe de faire appel pour voir ces deux dissolvants de tout ordre social supprimés le plus rapidement possible, car, de cette suppression dépend, croyez-le, messieurs — et cela plus qu'on ne le pense — l'avenir de la France, tout autant que celui de l'Alsace et de la Lorraine!

« La prostitution — disait Proudhon — est la « source de l'inimitié entre l'homme et la femme, et, « par suite, de l'extinction de l'amour, de la déprava- « tion des sens, le principe des jouissances contre « nature. » Comme conséquence de ces vérités lamentables j'ajoute : la prostitution est la cause la plus directe de l'abaissement de la population en France et des cas toujours plus nombreux d'infanticides.

La prostitution a, enfin, pour dernière conséquence, d'avilir les mœurs, les caractères et l'esprit, et de ne former qu'une population grossière dans ses façons d'agir et dans son langage; sans retenue pour les yeux et les oreilles de l'enfance que l'on pervertit même dès le premier âge.

En effet, messieurs, nous qui par notre profession médicale, sommes appelés à pénétrer au milieu des familles, de voir, de juger et souvent d'être pris pour arbitre de bien des scandales, reposant sur des secrets dont le fond a été la prostitution au début de la vie de l'un des conjoints — et je dois ajouter immédiatement que quatre-vingts fois sur cent — c'est bien du côté du sexe fort que se trouve, je ne dirai pas les torts, mais trop souvent le crime. Quand nous ne rencontrons pas ces désordres extrêmes dans la famille, à laquelle je fais allusion, nous sommes certains de rencontrer toujours le relâchement, le dévergondage, l'obscénité du langage, même dans la moindre conversation familière chez tous ceux qui ont traîné leur jeunesse dans les maisons de tolérance ou les brasseries à femmes — qui n'en sont TOUTES que des succursales.

Pour arrêter et étouffer la prostitution, si nous étions tous vraiment des hommes, rien ne serait plus facile de la voir disparaître de nos cités laborieuses sans arrêtés, sans ordonnances, sans juges et sans tribunaux : — Il suffirait de faire grève à ce vice infâme. Malheureusement, la bête qui est en nous se trouve excitée, flattée par ces prétendus philosophes, lui criant par toutes les raisons plus ou moins spécieuses et intéressées de la science : « La prostitution est nécessaire au sexe fort. » De là, alors la réglementation pour pouvoir commettre cette infamie sans dangers pour l'homme ; de là, toute la désorganisation sociale et morale de notre génération actuelle.

Il est donc urgent de pousser ce cri de révolte contre cette guerre à la femme par l'homme, et de faire disparaître de notre société cette police des mœurs qui n'est, en somme, que la protection honteuse dans l'immoralité la plus dissolvante d'une nation ; et de poursuivre, avec la dernière sévérité, toutes les prostitutions quelles qu'elles soient, sous quelles formes qu'elles se présentent, quels noms grands ou petits on devrait atteindre.

Pour empêcher le développement du choléra, de la peste ou du phylloxéra, le législateur ne recule pas devant des mesures énergiques, qui souvent atteignent la liberté des transactions et autres. La prostitution est cent fois plus redoutable pour la France républicaine que ces trois fléaux réunis. Nous devons donc exiger des représentants du pays des mesures analogues — au point de vue moral — à celles qu'ils prendraient contre le choléra, contre la peste, le typhus et le phylloxéra.

En attendant, messieurs, ces mesures prophylactiques contre la prostitution, faisons des efforts constants pour préserver de ce cancer social notre jeunesse qui doit nous remplacer dans l'avenir et continuer le bon combat en faveur du progrès, de la liberté, de la paix universelle et du triomphe de la grande cause de la solidarité humaine.

Dans le sein toujours vénéré de la famille, sachons considérer la jeune fille ainsi que le jeune garçon comme des plantes délicates, sur qui les impressions, les exemples, le langage sont d'autant plus funestes ou favorables qu'ils sont moins avancés en âge.

Evitons à ces jeunes et chastes oreilles ces conversations relâchées, grossières, souvent lubriques et obscènes, dont les pères, anciens habitués des maisons de tolérance avant leur mariage, sont si prodigues parfois.

Eloignons de leurs regards, de crainte d'éveiller trop tôt leur jeune imagination, les produits infects de la littérature extra-naturaliste étalés dans tous les kiosques, avec des illustrations plus ignoblement naturalistes encore que le texte.

Faisons enfin, messieurs, comme pour le choléra, désinfectons nos foyers de ces productions malsaines et demandons que les autorités compétentes désinfectent nos rues de ces monstruosités aussi bien que de cette légion de souteneurs et de filles publiques.

Car, il ne faut pas oublier que c'est à partir de la première enfance que se préparent pour l'avenir les hommes et les citoyens; c'est à dater de ce point de départ du jeune âge, que des exemples et des impressions premières reçues par ces jeunes cerveaux, se développeront plus tard, à l'âge adulte et de raison, les germes des grands sentiments, que se révèleront les nobles passions de l'honneur et du bien, ou que naîtra dans un sens contraire tout le cortège infâme de la criminalité.

On ne saurait donc trop apporter de soins, être trop difficile et attentif dans le choix des professeurs et des livres destinés à l'instruction comme à l'éducation des enfants. Partageant sur ce point l'opinion de Jean-Jacques Rousseau, je suis de ceux qui désireraient voir la première enfance entièrement passée dans la famille — et non dans l'école maternelle, l'asile et le petit lycée — sous les yeux et les conseils de la mère de famille, instruite comme elle devrait l'être, et qui devrait toujours être l'institutrice naturelle de ses enfants jusqu'à l'âge de l'adolescence, époque de la vie ou le jeune garçon et la jeune fille pourraient entrer au lycée, non comme internes, ce qui devrait être supprimé, mais comme externes, de façon à revenir tous les jours à la fin de la journée se retremper dans ce milieu familial, que l'on ne quitte point impunément sans que les enfants, comme les parents, n'y perdent les uns et les autres cette délicatesse de sentiment et d'amour qui, dans notre société, n'existe que par exception — car les collèges comme les lycées, les pensions comme les couvents — partout enfin où l'on parque l'un et l'autre sexe, éloignés de tout contact journalier de la famille, crèche, asile, lycée, collège, couvent, etc., etc., sont un anachronisme dans la nature, et, cela est malheureux à constater, des lieux de corruption de la première jeunesse. En disant ceci, messieurs, je ne voudrais pas qu'on se méprît sur le sens de mes paroles, et je me hâte d'ajouter que je serais désolé que l'on vît dans ce que j'avance l'ombre d'une critique pour les éminents professeurs qui dirigent nos lycées ou nos collèges. Nul plus que moi ne sait apprécier et respecter ces hommes de talent si dévoués et s'efforçant, le plus souvent au détriment de leur repos et de leur santé, de faire de nos enfants et de préparer pour la France des hommes, des savants et des citoyens. Ce ne sont donc pas eux qui sont les coupables, mais c'est la conséquence inhérente et fatale de la promiscuité — non seulement des deux sexes — mais des sexes séparés, de se contaminer et de se corrompre malgré la plus grande surveillance.

Le remède le plus puissant, je le répète, contre ce danger de la première jeunesse, c'est, après l'étude, après que le professeur a accompli sa lourde tâche, celle d'enseigner, et qu'il ne peut plus exercer une surveillance efficace sur l'enfant, c'est le retour dans la famille. Dans cette famille sacrée, comme elles devraient être toutes; c'est-à-dire dans laquelle, à côté de la mère toujours respectée, il n'entendra pas le père tenir un langage dégradant, grossier, brutal, obscène; langage indigne, je ne dirais pas d'un père de famille, mais d'un homme et d'un citoyen.

Vous parlez en moraliste seulement, me dira-t-on, et vous ne tenez point compte de cette tendance fatale commune aux deux sexes les poussant l'un vers l'autre à l'âge de la puberté, tendance qui se manifeste déjà dès la première enfance et qui, suivant les grandes et universelles lois de l'immuable nature, se transformera plus tard en un fluide mystérieux et magnétique qu'on appelle l'amour. Vous ne tenez pas compte, ajoutera-t-on encore, de la force d'expansion, plus considérable chez l'homme que chez la femme, à cette époque du réveil de la nature. Et mes adversaires, moins moralistes que psychologistes, prétendent résoudre une partie de la question du réveil de la nature chez l'homme en l'autorisant à exhaler cette sève bouillonnante et magnétique dans des maisons de tolérance !...

Sur cette voie fatale, immorale et remplie de dangers de toutes sortes pour la jeunesse, nos psychologistes, quoique moraux, ont dû évoquer je ne sais quelle garantie sociale, proclamant la prostitution nécessaire — nécessaire pour l'homme bien entendu, puisque ce sont les hommes qui font les lois, — et alors organiser la police des mœurs avec la prostitution légale et patentée.

Eh bien! Messieurs, c'est contre cette thèse honteuse, criminelle même, que je viens protester ici de toute l'énergie de mes convictions de libre penseur et de père de famille!

Devant le créateur de tous ces milliards de mondes, ayant tous leur système planétaire particulier, remplissant l'infini invisible à nos yeux,

> Dont les anneaux unis, l'un à l'autre enchâssés,
> Ne sauraient, sans péril, être un jour dispersés!

En présence de cette insondable création de la nature entière, dont les lois universelles sont immuables, éternelles, il faut savoir s'incliner, et malgré l'orgueil humain, reconnaître que l'homme comme la femme sont d'une même essence, ne forment ensemble, par la volonté de la nature, qu'une unité indivisible, car si l'homme ne peut rien sans la femme, la femme isolée souffre de l'absence de l'homme.

Devant la nature les deux sexes sont égaux en droits, et s'ils ont des attributions différentes et parfaitement définies, ils ont l'un et l'autre les mêmes devoirs à remplir devant la nature.

Dans une société bien constituée, se dirigeant d'après les grandes lois de la nature, la femme doit avoir les mêmes droits sociaux que l'homme; ses attributions doivent être complètement différentes, mais exigent les mêmes devoirs au point de vue du respect et de l'éducation de la famille.

Aussi, Messieurs, suis-je avec tous ceux qui réclament pour la femme son égalité avec l'homme en ce qui touche ses droits sociaux de mère, d'épouse et de citoyenne. Je suis opposé, au contraire, à ceux qui, négligeant d'examiner la constitution anatomique, physiologique et psychologique de la femme, voudraient lui rendre ce mauvais service de réclamer et d'obtenir pour elle les mêmes fonctions, les mêmes charges publiques que l'homme, et la transformer en médecin, en avocat, en faire des députés et des généraux au besoin.

Les femmes qui se font les porte-voix de ces folles divagations et de pareilles réformes... à rebours, vont absolument — selon moi — contre le droit naturel qu'elles tiennent de la nature elle-même. Elles imitent en cela la folle prétention des hommes qui, dans leur immoral égoïsme, soutiennent que la prostitution est nécessaire au salut de la société.

Eh bien! non, à cause de son organisation, à cause de ses fonctions maternelles qui lui sont dévolues par la nature, et qui sont des plus sacrées, la femme ne peut — j'ajoute, Messieurs : elle ne doit en aucun cas — remplir aucune des fonctions et travaux pénibles qui sont le lot de l'homme.

On ne saurait même assez protester contre ceux qui, dans les villes comme dans les campagnes, les transforment en porte-faix, les attellent à des voitures ou les emploient à des travaux pénibles, répugnants et trop souvent malsains, mais toujours au-dessus de leur force, et contraires à l'organisation de leur sexe.

La femme a sa place marquée dans la famille, au berceau de l'enfant, au chevet du malade comme au salon de compagnie, alors que son rôle d'épouse et de mère n'absorbe point tout son temps. Car c'est à elle, à la femme vraiment instruite, dans un ménage bien ordonné, que doit incomber presque entièrement la direction des intérêts journaliers, les soins et l'éducation première des enfants, dont l'époux a le devoir d'assurer l'existence et la fortune.

A l'homme incombe les travaux matériels de tous genres où la force est nécessaire, où le danger est certain. C'est par le travail physique et intellectuel qu'il se préserve de l'immoralité, de la débauche et conséquemment de la maladie et de la contagion. A l'homme donc la lutte pour la vie, le combat pour créer et assurer le bonheur de sa famille. A l'homme les devoirs du citoyen dans toute l'acception du mot, à lui le devoir, comme l'honneur, de protéger son foyer comme sa patrie — qui est en somme — la grande famille collective, que chacun doit savoir, au jour du danger commun, défendre au péril de sa vie.

Et lorsque l'homme, comme nous le comprenons et comme nous l'expliquons, rentrera à son foyer après un dur labeur, si l'éducation de la femme a été telle qu'elle devait être en la tenant pour ce que Dieu l'a faite, l'égale de l'homme — ce ne sera ni une servante, ni une courtisane que cet homme trouvera, mais ce sera une compagne, une amie dévouée, un conseiller souvent, un consolateur toujours. En un mot, Messieurs, au foyer familial l'homme doit pouvoir compter sur la femme et la regarder comme un autre lui-même.

Voilà, selon nous, le rôle, le vrai rôle de la femme dans le mariage, et nous estimons qu'il est infiniment plus utile, plus vrai, plus beau et plus élevé que celui que voudraient lui créer toutes les Louise Michel, Paule Minck et Hubertine Auclair.

Je suis de ceux qui pensent, avec bien d'autres moralistes, que pour obtenir le calme et le bonheur dans la famille; pour que ce foyer ait un attrait, pour que l'homme y soit constamment attiré et retenu, il est nécessaire, urgent que l'éducation de la femme soit moins négligée en toutes choses et puisse toujours soutenir avec l'homme, grâce à cette éducation mieux soignée, les discussions scientifiques, philosophiques ou littéraires.

Contrairement à ce qu'écrivait notre illustre Molière — sans doute pour flatter son protecteur royal — nous ne pensons point « qu'il suffit à la femme de distinguer « seulement un pourpoint d'avec un haut de chausse. »

On ne saurait trop le dire et le répéter — au point de vue scientifique et naturel — la femme est absolument égale à l'homme; car si elle lui est inférieure sur un point, elle lui est infiniment supérieure sur un autre, et, en établissant la balance des défauts et des qualités de chacun des sexes, on verra que leurs forces morales et matérielles, leur influence bonne et mauvaise s'équilibrent d'une façon complète dans l'universalité des cas.

Pourquoi donc alors l'homme s'est-il si orgueilleusement proclamé le roi de la création, en excluant de cette royauté collective la femme dont il est né?

Pourquoi, toujours à cause de cet orgueil démesuré, dans la question qui nous occupe en ce moment — la prostitution — l'homme a-t-il déclaré, du haut de son égoïsme bestial, qu'à lui seul, à l'âge de puberté, il fallait en quelque sorte à l'exubérance de sa sève un exutoire légal — la prostitution tolérée, réglementée?...

Ce n'est qu'en méconnaissant volontairement les lois de la nature, et pour soutenir la débauche égoïste et lâche, qu'on a pu soutenir cette thèse mensongère contre laquelle proteste toutes les consciences, que l'on a pu habituer l'opinion publique à croire que, pour la précieuse santé de l'homme et pour ses garanties à lui tout seul, il était indispensable d'organiser la traite des blanches par la création des maisons à gros numéros, surveillées par une police honteuse.

Eh bien, nous protestons de toute notre énergie contre une pareille opinion qui, si elle était vraie, mettrait l'espèce humaine à vingt degrés au-dessous de la brute. Et, sans entrer dans une étude trop longue de la physiologie et de la psychologie, examinons rapidement — non d'après nos observations personnelles — mais d'après celles de nos maîtres, de nos professeurs et des auteurs les plus estimés de nos Facultés de médecine, et voyons si l'homme comme la femme, à l'âge où commence la puberté, n'éprouvent point les mêmes phénomènes physiques et moraux, et si, dans l'un comme dans l'autre sexe, il n'y aurait pas lieu, si l'on voulait être juste et équitable pour tous, d'apporter le même remède — c'est-à-dire la moralisation sévère dans la famille, l'éloignement des yeux et des oreilles, des images, des lectures et des propos lascifs ou obscènes?

II

« C'est principalement dans les premiers temps de « l'adolescence, dit le Docteur Curtis, que le cerveau « chez les deux sexes, est le plus impressionnable, et re- « çoit pour le restant de la vie, les contre-coups du bien « ou du mal, qui un jour, le portera aux pratiques de la « vertu ou du crime.

« On ne saurait donc trop protéger les jeunes en- « fants contre les mauvais conseils, les fréquentations « et les lectures lascives, car, c'est à l'ensemble de « ces faits que dans les lycées, dans les couvents, et par- « tout où se trouve cloîtré, en quelque sorte, un nombre « important d'enfants — garçons ou filles — à cette épo- « que de l'adolescence, que l'on voit se développer « l'onanisme: crime monstrueux qui détruit, à l'heure

« où je vous parle, Messieurs, un tiers de notre jeu-
« nesse et semble vouloir étendre chaque jour, de plus
« en plus, ses ravages mortels ! car, notre littérature
« actuelle, nos journaux, nos livres, nos illustrations,
« nos théâtres et nos casinos, n'offrent tous, autant les
« uns que les autres, au yeux comme à l'esprit, que
« des sujets lascifs, immoraux et parfois même obscè-
« nes, faisant naître et développant trop tôt chez l'ado-
« lescent, des sensations, des aspirations, des rêves
« qu'il ne devrait éprouver, sentir ou voir se manifes-
« ter que dans la plénitude et la force de sa jeunesse,
« alors que la nature, la morale et la raison devraient
« l'entraîner vers le mariage, ce palladium de la force
« et de la vitalité d'un peuple.

« De ces lectures malsaines, de ces spectacles las-
« cifs, de ces fréquentations immorales, et, du con-
« tact d'une société relâchée, dit le Docteur Tissot,
« naît et se développe chez les jeunes gens des deux
« sexes ce vice infâme, dont je parlais tout à l'heure,
« vice presque inconnu dans les campagnes et qui tue
« ou atrophie pour jamais le cerveau de tant de jeunes
« gens des grandes villes ; ou bien, si, plus heureux ou
« malheureux que d'autres, ces jeunes gens ont plus
« de liberté, cet ensemble de mauvaise lecture, de
« spectacle ou de fréquentation des cercles et cabarets,
« les entraînent à des plaisirs au-dessus de leurs for-
« ces et de leur âge, et les transforment en vieillards
« de vingt ans, objet de dégoût ou de pitié, pour les-
« quels les secours de la médecine, comme de la mo-
« rale, sont alors impuissants à guérir !..

« Vois ces spectres dorés s'avancer à pas lents,
« Traîner d'un corps usé les restes chancelants,
« Et sur un front jauni, qu'a ridé la mollesse,
« Etaler, à trente ans leur précoce vieillesse :
« C'est la main du plaisir qui creuse leur tombeau,
« Et bienfaiteur du monde, il devient leur bourreau ! » (1).

Combien, messieurs, ne voyons-nous pas, trop souvent, hélas ! se présenter dans nos cabinets de consultation, de ces tristes exemples : jeunes gens ou jeunes filles de vingt à vingt deux ans, émaciés, anémiques, affaiblis, presque sans voix, décharnés, courbés comme des vieillards, le visage jauni, les yeux enfoncés, le regard éteint et fugitif, avec des palpitations de cœur effrayantes, crachant parfois le sang, se soutenant à peine, et n'ayant pas plus de force au moral qu'ils n'en ont au physique, et qui sont redevables de cet état épouvantable, les uns à la pratique de l'onanisme, les autres à l'excès de débauches crapuleuses dès la première jeunesse.

Incapables de rien faire pour eux, pour leurs parents ou pour la société, ces êtres dépravés, dont le nombre va en augmentant chaque jour, avec le système des brasseries servies par des femmes ; ces êtres méprisables, à charge à eux-mêmes, habitués à une paresse constante, passant leur existence inutile dans les estaminets, se jetant alors, plus avant encore, dans l'alcoolisme et la débauche, finissent par le suicide ou la maison de fous, quand ils ne finissent pas par le bagne ou l'échafaud, après avoir été enrôlés dans cette

(1) THOMAS. Epitre au peuple.

légion immonde de souteneurs vivant directement de la prostitution.

Et c'est en présence de faits aussi lamentables, aussi terribles pour le salut de la société, que l'on voudrait conserver, protéger même, les maisons de tolérance et la police des mœurs !.. mais alors soyez logiques, défenseurs de cette thèse monstrueuse, et si vous osez soutenir qu'elles sont utiles à l'homme, ces maisons infâmes, nous allons vous prouver qu'elles se défendraient par les mêmes raisons pour les besoins de la femme.

L'enfance de l'homme se fait remarquer par la prédominance du système nerveux sur toutes les autres parties du corps. Chez tous les enfants — des deux sexes — les parties centrales de ce système, telles que le cerveau et l'épine dorsale, sont presque arrivées à une organisation complète alors que les organes de la locomotion et les autres parties de l'organisme n'ont encore atteint qu'un degré relatif d'imperfection. Les organes des sens aussi, quoique impropres à aucun usage au moment de la naissance, se développent rapidement et sont bientôt en état de remplir leurs fonctions.

C'est immédiatement après la première enfance, à l'époque où les facultés du nouvel être commencent à se développer avec énergie qu'il court les plus grands dangers. Si alors, vivant dans un milieu peu délicat, dans la société de gens ne sachant point respecter l'enfance, s'adonnant à un langage ou à des pratiques obscènes, si des attouchements d'une main étrangère dévoilent au jeune sujet — garçon ou fille — ce qu'on peut considérer comme un nouveau sens, il se manifestera aussitôt vers les parties génitales une concentration plus ou moins grande des forces vitales, et, si les idées ne sont rapidement ramenées vers un autre but, guidé par un plaisir trompeur et des plus funestes, *la* ou *le* infortuné se livrera avec furie à un vice qui l'aura bientôt perdu, qui attirera sur lui des maux pires que la mort, ou le jettera dans une orgie des sens qui le rendra fou, épileptique ou criminel.

Et dans ce tableau, messieurs, trop malheureusement exact, il n'y a pas que le sexe masculin qui y soit dépeint, mais bien les deux sexes, ne l'oublions pas!

On voit donc, par cette étude rapide, que le jeune homme pas plus que la jeune fille, ne sont, de par le droit naturel, exempts de ce besoin, de ce désir qui, chez telles ou telles natures excite et provoque plus ou moins le désordre des sens. Faut-il en conclure de la nécessité, pour l'un et l'autre sexe, de leur procurer — hors mariage — la facilité dans l'assouvissement d'un besoin encore mal défini, qui n'est à ce moment de la vie qu'un avant-coureur d'une éclosion demandant plutôt à être temporisée que poussée à une maturité précoce et dangereuse?

En dehors même de la morale, qui doit être la loi absolue des sociétés comme des individus, la conservation SEULE de l'être humain vous crie par toutes les voix de l'expérience, de la science et de la raison : « Préservez, écartez des mains de la jeunesse, ce calice d'abjection, de corruption et de honte, conduisant infailliblement à la mort!.. »

Et, en effet, il est reconnu, enseigné par tous les auteurs qui ont écrit sur ce sujet — et ce d'après de longues et nombreuses observations — que tout individu — garçon ou fille — qui se livre trop jeune au plaisir des sens, soit par ce vice abominable des collèges, des lycées, des pensions ou des couvents — l'onanisme — soit par le rapprochement trop fréquent des deux sexes, voit rapidement se développer tous les désordres physiques et moraux qui le conduiront rapidement et sûrement à la tombe. Ces désordres se traduisent, pour l'un et l'autre sexe par l'*épilepsie*, l'*hystérie*, l'*apoplexie*, le *tremblement des membres*, la *paralysie*, l'*amaurose* ou perte de la vue, le *diabète*, l'*hémoptysie*, la *consomption pulmonaire*, les *pertes séminales incurables*, et finalement l'*impuissance*, sans compter tout le cortège effrayant de cette vieillesse prématurée. Voilà, au point de vue purement physique, le sort réservé à ceux qui — dans les deux sexes — se livrent aux excès des plaisirs de Vénus ou de Priape !

Au point de vue intellectuel, le mal est cent fois pire ! Avec tous les éminents professeurs de la Faculté de médecine de Montpellier, mes maîtres, et parmi eux quelques-uns mes amis ; avec tous les spécialistes de nos glorieuses Facultés de Paris et de Lyon, je suis autorisé à dire — en les énumérant — qu'il n'y a pas une de nos facultés intellectuelles dont la nature nous a comblés qui ne puisse être pervertie, affaiblie, détruite en entier même par les excès de la jeunesse.

Pour ne citer que les premières frappées presque immédiatement, nous citerons d'abord la mémoire, cette précieuse qualité sans laquelle l'homme n'atteindra jamais, en science, les plus hauts sommets. C'est une chose constante, et tous les auteurs s'accordent sur ce point, que la mémoire se trouvait très rapidement altérée chez les sujets se livrant avant la vingtième année aux plaisirs de Vénus. — Elle décroît encore plus rapidement chez les malheureux qui se livrent à l'onanisme. — Viennent ensuite la nonchalence de l'esprit, l'incapacité de concentrer une idée sur quoi que ce soit, l'affaiblissement du raisonnement, les idées noires, la désespérance non motivée, l'hypocondrie, le dégoût de la vie, l'idiotisme ou la folie et, trop souvent, la monomanie du suicide.

Voilà, en soutenant la prostitution légale ou clandestine, les maux que l'on entretiendra et dont on favorisera le développement, et les deuils dont on couvrira la société.

Le maintien des maisons de tolérance ; la protection de la prostitution dans les grandes cités, sous ce vain et mensonger prétexte que le jeune homme a, en quelque sorte, besoin d'une dérivation aux flots de sa sève débordante; cette thèse honteuse, plus soutenue par des viveurs que par des hygiénistes et des savants véritables, trouble, pervertit l'esprit public et jette dans notre société française ces germes de dégénérescence physique et morale, qui se manifestent de plus en plus par une augmentation toujours croissante de maladies terribles que la science et la médecine sont impuissantes, non seulement à guérir, mais même à soulager. Les causes, en étant essentiellement morales et non matérielles, ce que la médecine ne peut traiter, ni avec les ferrugineux, ni même avec les produits charlatanesques des pilules suisses.

Et ce cortège de maladies effroyables, provenant toutes de l'abaissement du niveau moral et de la dégradation du cerveau humain, afflige non seulement la génération actuelle, mais, avec le développement toujours grandissant de l'alcoolisme, atteint, corrompt les générations qui vont suivre.

Car, il faut que tout le monde le sache bien, la santé des enfants indique sûrement la vertu ou le vice des parents. On ne saurait trop le dire, le répéter et le crier à cette jeunesse, qui ne semble obéir aujourd'hui, malheureusement, qu'à cette école matérialiste des Darwin, des d'Holbach et autres savants de la médecine expérimentale, fondée sur les horribles pratiques de la vivisection, n'apportant pour tout bagage scientifique que la négation en toutes choses.

Il faut que ces don Juan des brasseries comme des salons, de l'atelier comme de la barrière, qui ne se nourrissent l'esprit et le cœur qu'avec la littérature fangeuse des Zola et de ses disciples; il faut que toute cette génération visqueuse de sceptiques dégradés le sache et le comprenne bien, ce n'est pas seulement leur ÊTRE SEUL qu'ils avilissent, dégradent et corrompent, en se jetant, en se vautrant à l'âge de seize, dix-huit ou vingt ans dans la fange de la prostitution. Ce n'est pas seulement leur existence propre qu'ils vouent à une misère épouvantable, mais aussi celle de leurs enfants, pour lesquels ils accumulent des souffrances ou des infirmités sans nombre, aboutissant à une mort prématurée.

Oui, messieurs, ces jeunes gens sceptiques, — ces vieillards de vingt ans! — qui n'ont plus rien au cœur, ni amour, ni vertu, pas même la probité sociale! lorsqu'ils contracteront mariage ne procréeront plus — s'il leur reste encore un semblant de virilité —

que des êtres rachitiques, anémiques, atteints dès le premier âge de consomption, de scrofule, de ramollissement cérébral, d'épilepsie, etc., etc., contre lesquels tous les ferrugineux, les bains de mer, les biphosphates de chaux, les huiles de foie de morue, l'iodure ou le bromure de potassium, seront éternellement impuissants.

Vous le voyez donc, messieurs, la prostitution est non seulement un danger pour nos cités ; c'est pire que cela, elle est un véritable péril national contre lequel tous les honnêtes gens doivent se liguer.

Il faut même que l'abolition de la prostitution soit un des articles principaux du mandat législatif comme du mandat sénatorial; car, si l'on veut réellement relever la France — et ceci est ma conviction profonde, messieurs — ce n'est pas seulement en parlant sans cesse de l'Alsace et de la Lorraine; perdues l'une et l'autre plus par la décomposition morale de l'Empire que par les hasards de la guerre ; ce n'est pas en éditant des journaux plus ou moins anti-prussiens, en organisant des ligues plus ou moins patriotes, discourant le verre en main sur les revanches à prendre; ce n'est point par des moyens aussi superficiels qu'inutiles que l'on arrivera à relever le niveau moral de la France.

Ce qu'il faut selon moi, c'est tuer le vieil homme ; c'est ramener dans le cœur de chacun cet esprit de justice et d'équité, de morale et de raison, de probité et de vertu, qui seul peut faire une nation forte, puissante, grande et redoutée !

Pour arriver à ce résultat désiré, il faut que le législateur s'attache à extirper de nos grands centres industriels l'alcoolisme, soit en limitant le nombre des cabarets, soit en frappant ce produit si funeste à la génération d'un droit plus considérable, en même temps qu'il sera veillé contre les falsifications, qui rendent l'alcool cent fois plus dangereux.

C'est, enfin, de supprimer d'un seul coup et les maisons de tolérance et la police des mœurs, en appliquant la loi punissant l'excitation à la débauche à tout individu — homme ou femme — se livrant à la prostitution publique ou clandestine.

C'est de supprimer, par des arrêtés municipaux, le service des femmes dans les brasseries ou les assommoirs, transformés pour les deux tiers en véritables maisons de tolérance (1), dans lesquelles la contagion du vice est peut être encore plus grande que dans les maisons à gros numéros.

Je ne suis pas de ceux qui veulent attenter à la liberté de la presse; je me fais un honneur de l'avoir défendue toujours; mais entre la liberté absolue de se promener dans un jardin public et celle d'y fouler les pelouses, de détruire les arbustes ou les fleurs, il y a, messieurs, une différence considérable; eh bien, je demande ceci, et ceux qui veulent comme moi le relèvement de la France et l'amélioration profonde du sort des travailleurs, doivent le réclamer avec moi.

C'est que laissant toute liberté à l'écrivain pour la discussion de principe, il ne soit plus possible cependant d'étaler dans les journaux ces feuilletons ignobles, enseignant aux jeunes lecteurs et lectrices qui en font

(1) Voyez la note 1, page 63.

leur délice quotidien, tous les raffinements du vice, de l'immoralité et du crime.

C'est d'empêcher dans les cafés-concerts comme sur nos théâtres, ces chansons grossières, ces pièces érotiques et obscènes; œuvres immondes, empruntées à cette école dite naturaliste, qui salit et déshonore la littérature française, en même temps qu'elle avilit et corrompt notre jeune génération, à qui elle arrache tout idéalisme, toute délicatesse de sentiment, toute croyance aux grandes et immuables lois de la nature, pour mettre à la place quoi?... la négation en toutes choses!

III

Or, messieurs, ce n'est point avec le principe de la Négation comme base et corps de doctrine philosophique, morale et sociale, que l'on peut espérer ranimer les esprits, fortifier les âmes, exciter le dévouement et entraîner les peuples dans la voie de la science, du progrès et de la justice.

C'est, au contraire, en affirmant constamment et toujours la supériorité du Bien contre le Mal, de la Vérité contre le Mensonge, de la Justice contre l'Iniquité, du Droit contre la Force; c'est en affirmant et défendant avec persévérance l'inviolabilité de la vie humaine aussi bien que le développement de la libre-pensée contre tous les crimes et tous les fanatismes, que nous arriverons un jour à détruire ces deux fléaux du monde : la Guerre et la Prostitution.

Mais avant, et pour atteindre ce but désiré, il faut, vous mères et pères de famille, vous instituteurs et institutrices qui avez charge d'âmes et enseignez notre jeunesse, vous savants et littérateurs qui n'avez point glissé dans les rangs de cette école fatale de naturalistes et de vivisecteurs, vous tous enfin qui voulez la France grande et forte, il faut arracher du cœur de la femme aussi bien que de celui de l'homme cet amour corrupteur du luxe et de la paresse, conduisant forcément l'un et l'autre à la débauche, à la prostitution, au crime.

Honorons le travail et le travailleur. — Arrière les oisifs, et honte aux frélons de la ruche! — Quiconque ayant la force et la santé, ne prend point sa part de travail dans la grande lutte pour la vie et le bien-être de tous, celui-là doit être chassé de la famille ou de la société comme un voleur.

Par contre, la société et la famille doivent à celui qui a fait son devoir jusqu'au bout la protection et les soins jusqu'à sa mort.

Enseignons à cette jeunesse qui doit nous succéder, dont l'éducation morale comme l'avenir doivent nous préoccuper sans cesse ; enseignons-lui que ce n'est que par le travail incessant, image de ce qui se passe dans les mondes universels, qu'elle sera une génération d'hommes robustes, utiles, justes, indépendants et libres,

Ne cessons de lui dire, de lui démontrer, à l'aide de la science et de la philosophie — ce qui est l'IMMUABLE VÉRITÉ! -- que ce n'est que par la pratique de la chasteté, de la morale et de la vertu, que l'homme en arrive à tripler ses forces physiques et intellectuelles; à se créer un jour ce foyer sacré, si doux et si charmant de la famille, — cet ambryon de la commune et de la Patrie — qui ne peut se former, se développer et grandir que par l'union de deux âmes également pures.

N'avoir point jeté aux quatre vents de la débauche et de l'orgie ce corps et cette âme que l'on a reçus du Créateur invisible de l'univers; avoir conservé pendant toute sa jeunesse la pureté du corps et de l'esprit; devenir époux aimé d'un être digne de soi, et père glorieux d'enfants robustes et forts, beaux et intelligents; se sentir, se voir entouré de leur tendresse, que stimule leur mère dévouée; recevoir les baisers de ces bouches enfantines; assister en les voyant grandir à la continuation de soi-même et de l'œuvre commencée; être certain que dans ces enfants que le ciel vous a donnés vous survivrez à vous-même: n'est-ce pas, messieurs, la plus belle récompense que puisse espérer celui qui n'a cessé de vivre — dans la vie privée comme dans la vie publique — dans le respect de la dignité, de la morale, de l'honneur et de la probité civique?

Que tous ceux qui veulent le relèvement de la France, le triomphe de l'humanité sur la barbarie, fassent entendre le cri de guerre contre l'Alcoolisme, contre ces deux crimes sociaux : la Prostitution et la Police des mœurs (1).

Il est indigne de la conscience humaine, après avoir détruit à peu près la traite des noirs, d'organiser en

(1) Voyez la note 2, page 64.

pleine France, à la fin du XIXe siècle, cette traite des blanches, plus monstrueuse encore que l'autre.

Comptant sur la force des passions et des dégradations humaines, que l'Eglise et le pape Jean XXII aient osé tarifer et tirer profit des vices et des crimes les plus monstrueux pour emplir le trésor papal; que les empereurs et les rois aient de tout temps, pour le même motif, facilité et taxé les débordements du vice et de la débauche, cela se comprend : les monarchies comme les églises ne pouvant exister, vivre et se développer que par l'ignorance, la corruption des mœurs et la violation de toutes les lois de la nature.

Mais sous un gouvernement républicain, fondé sur le suffrage universel, dans lequel tout doit se passer au grand jour de la publicité, ce serait une honte pour nos représentants, pour nos corps élus, de laisser subsister plus longtemps la Prostitution, l'Alcoolisme et la Police des mœurs, ce dernier vestige des sociétés barbares, que la France républicaine doit avoir à honneur d'être la première à extirper entièrement de ses mœurs, comme conséquence logique de sa sublime devise : Liberté, Égalité et Solidarité fraternelle.

Oui, la France républicaine doit au monde cet exemple de régénération sociale et ce relèvement de la femme par la suppression absolue de la prostitution, comme elle doit être la première aussi — cette France que nous aimons! — à ramener, par sa politique loyale, généreuse et humanitaire, la suppression des armées permanentes en Europe. Armées formidables et aliment le plus puissant de toutes les prostitutions, qui coûtent PAR ANNÉE au travail et à l'agriculture près de CINQ MILLIARDS DE FRANCS pour leur entretien ! (1)

Monstrueuse organisation, qui ruine les peuples, mais que rendrait inutile la création d'un Tribunal arbitral européen, chargé, sans effusion de sang, de juger, de régler les différends internationaux survenus entre les peuples civilisés.

Que les amis de la paix n'oublient point que si la guerre a été le plus horrible des fléaux de la terre, la prostitution est aussi une guerre inhumaine : guerre de l'homme contre la femme ; fléau détruisant l'espèce humaine dans son esprit et dans ses moelles ; fléau horrible, épouvantable, qu'il faut combattre, vaincre et détruire par tous les moyens possibles, car il y va du bonheur et de l'avenir de nos enfants, du bien-être et du salut de la nation, de l'intégrité et de l'indépendance de la France, de la paix universelle et du repos de l'Europe !

J'ai dit.

20 Novembre 1881.

(1 Les dépenses annuelles pour l'entretien des armées permanentes en Europe, comprenant les sept Etats suivants : la Russie, la France, l'Angleterre, l'Allemagne, l'Autriche-Hongrie, l'Italie et l'Espagne, s'élèvent à 4,170,525,605 francs. — Que d'améliorations pourraient être faites chaque année avec une telle somme employée au bonheur de tous !...

NOTES JUSTIFICATIVES

(1) Demandant la suppression des filles de brasseries, nous avons dit, dans le sein du Conseil municipal de Lyon (session de mai 1885), que ces établissements étaient, sinon tous, mais du moins la plus grande partie, de véritables maisons de tolérance, dans lesquelles le vieillard sénile et le lycéen imberbe viennent, l'un et l'autre, y perdre la santé et quelquefois l'honneur.

Des renseignements certains, pris aux meilleures sources, nous permettent de maintenir énergiquement notre opinion émise devant nos collègues du Conseil municipal. Les brasseries, les assommoirs, les zings, dont le service est fait par les femmes, sont des succursales des maisons de tolérance. Ne point arrêter leur développement, c'est accorder une prime à la prostitution ; c'est tolérer la *traite des blanches !* Car, il faut qu'on le sache, ces malheureuses ne reçoivent absolument rien, comme salaire de leur service, dans ces établissements ; dans certains assommoirs même, la fille de brasserie paie le patron pour le servir dans son établissement ; elles sont donc obligées, forcées de se faire leur journée par les étrennes ou pourboires. Dans presque tous les établissements elles ont une prime de tant pour cent sur les consommations dites « d'entraînement, » c'est-à-dire les consommations qu'elles se font servir par l'habitué et qu'elles absorbent avec lui. Aussi, n'est-il pas rare, dans certains assommoirs, de voir ces malheureuses en arriver à absorber, dans une journée, jusqu'à vingt et trente bocks de bière, sans compter les petits verres de liqueurs, l'absinthe, etc., etc. Plus elle boit, plus elle fait consommer, plus elle a de succès auprès des clients — et l'on comprend à quel prix ? — Mieux elle est vue du patron qui voit sa caisse s'arrondir à ce métier d'infâme.

La fille de brasserie exploitée à la fois par le patron et les habitués dégradés de ces sortes d'établissements, la fille de brasserie tombée dans cet enfer, commence par l'alcoolisme pour rouler dans la prostitution et peu à peu, après avoir franchi tous les degrés de la débauche fangeuse ou dorée, va mourir sur un lit d'hôpital ou dans un cabanon de la maison des fous, après avoir jeté, ça et là, sur le pavé des villes, quelques malheureuses créatures, dont les pères se soucient comme un poisson d'une guigne, et qui sont à leur tour des épaves de la prostitution et du bagne !

C'est au nom du respect de la femme, pour son honneur et sa dignité, que, sans nous soucier davantage des quolibets et des railleries de la foule et d'une presse toujours hostile.

Nous avons demandé et nous ne cesserons de réclamer la suppression du service des brasseries et assommoirs par les femmes tel qu'il est organisé actuellement ; de même que nous demandons la réglementation et la surveillance des cabarets, ces officines publiques d'empoisonnement populaire.

(2) L'an dernier, lorsque nous faisions notre conférence, nous ne pensions pas avoir autant raison en ce qui touche les Etats monarchiques facilitant la débauche et l'orgie. Nous aurions pu citer Rome en parlant de Jean XXII, ce pape infâme, vivant à Avignon et datant de cette ville, 1315, l'horrible taxe pour permettre la perpétration de tous les crimes depuis l'inceste jusqu'à l'adultère, depuis la sodomie jusqu'au viol, depuis le simple meurtre jusqu'au parricide ! Après Rome, nous aurions pu citer l'Espagne, cette terre sacrée de l'Inquisition et des exploits de ces deux monstres : St-Dominique et Torquemada! Mais voilà ce qui, le 12 juillet 1885, nous arrive de la protestante et jésuitique Angleterre, sous le titre de : SCANDALE A LONDRES :

« La pudique capitale du royaume britannique, Londres l'austère, est en ce moment le théâtre d'un abominable scandale. Voici les faits :

« Depuis longtemps déjà, le Parlement anglais est saisi d'un projet de loi tendant à réprimer la prostitution et particulièrement la prostitution des jeunes filles au-dessous de dix-huit ans.

« Ce projet de loi, malgré les louables efforts de ses promoteurs, n'est pas encore voté.

« Pour stimuler l'activité parlementaire et forcer l'opinion publique à se prononcer en faveur de la réforme projetée, un grand journal du soir, le *Pall Mall Gazette*, vient de commencer la publication d'une série d'articles dans lesquels sont exposés les résultats d'une enquête faite par elle-même sur ce qu'on pourrait appeler la traite des blanches à Londres.

« Deux de ces articles ont paru sous ce titre édifiant : « Le tribut des jeunes vierges dans la moderne Babylone. » Ici, la moderne Babylone n'est plus Paris, comme on le disait volontiers dans les journaux anglais, mais Londres.

« L'auteur nous laisse entrevoir certains coins peu connus de la vie anglaise ; il nous raconte ce qu'il a vu, il nous redit ce qu'il a entendu, et il le fait sans réticences, sans ménagements d'aucune sorte, mettant carrément — selon l'énergique expression populaire — les deux pieds dans le plat.

« Il y a là des histoires de proxénétisme, des récits d'attentats effrayants, des procès-verbaux de marchés monstrueux tels que je crois qu'il a fallu un grand courage au journaliste anglais pour les oser publier.

« Comme bien on pense, la campagne commencée par le *Pall Mall Gazette* produit une grande sensation à Londres. Les bureaux du journal, situés dans Northumberland Street, près de Charing-Cross, sont assiégés par la foule qui s'arrache les numéros, les lit avec avidité et les commente bruyamment dans la rue.

« Le Parlement lui-même s'est ému, et il y a été question un moment de l'interdiction du journal et de l'arrestation de son directeur.

« Bien que le sujet soit d'une nature trop spéciale pour qu'on puisse se permettre d'appuyer beaucoup, nous allons donner un extrait de quelques passages des articles du *Pall Mall Gazette*, en supprimant, bien entendu, certains détails qui ne pourraient guère s'écrire qu'en latin.

Entretien avec un Policeman.

« Avant de commencer son excursion dans les mauvais lieux de Londres, le reporter du *Pall Mall* a demandé à un officier de police expérimenté en ces choses si, entrant dans une maison mal famée, il y demandait, en retour d'une assez forte somme d'argent, une jeune fille *qui n'ait jamais été séduite*, que lui répondrait-on !

— On vous la donnerait, dit le policeman.

— A quel prix ?

— Cela dépend. Je me rappelle que, dans une maison de Scotland Yard, c'était 20 livres sterling.

« Et comme le reporter demandait si ces jeunes filles étaient consentantes, le policeman répondit :

— Elles consentent rarement, parce qu'elles ne savent pas pourquoi elles sont venues.

— Et ces filles crient-elles ?

— Sans doute, mais on ne les entend pas, les chambres sont capitonnées, les fenêtres sont closes, il y a sur le parquet un double tapis, et si on les entend, le cri ne dure pas, et la police n'a pas d'ailleurs le droit d'entrer dans ces maisons.

« Le fait est qu'on emploie des moyens ignobles pour séduire ces jeunes filles et les livrer à leurs suborneurs. Une matrone disait que la plupart consentaient auparavant et refusaient quand l'homme venait, après réflexions faites.

« Quand on les a amenées dans la chambre où elles doivent succomber, on leur fait boire de laudanum ou quelque autre narcotique, on leur fait respirer du chloroforme, ou bien on les attache de force avec une courroie, par les quatre membres, aux extrémités du lit. Elles crient, elles maudissent leur ravisseur, elles n'en sont pas moins violées.

Les Jeunes Filles enlevées.

« Ce sont de toutes jeunes filles, de douze, treize, quatorze ans, la plupart du temps sans parents, sans amis, sans ressources, ou filles d'un père ou d'une mère ivrognes, ou d'une prostituée ; ou bien on les enlève au magasin où elles travaillent, à la ferme souvent lointaines où elles vivent et où on va les chercher, à l'école où elles sont, et on les ravit à leur père et mère, et on les emmène à Londres sous prétexte de les placer comme servantes dans une maison bourgeoise, et les parents n'en entendent plus parler, et la jeune fille affolée, perdue sans retour, commence une mauvaise vie. »

« Le nombre des enfants âgées de moins de treize ans et livrées à la brutalité des vieillards ou des hommes de cinquante à soixante ans est effrayant. »

« La statistique, qui ne recule devant rien, en évalue le nombre à 10,000 dans *Londres Centre*. Or, c'est dans les faubourgs ou les quartiers excentriques, que ce genre de passion se satisfait en grand ; mais ici la statistique, malgré son audace, est impuissante.

« C'est du côté de Down Ratcliff, Hayway, que l'enfance au-dessous de treize ans est la plus exploitée : dans le West-End et les quartiers aristocratiques, les maisons fashionnables vous livrent des filles de 14 à 15 ans couramment, mais sont plus circompectes au-dessous de cet âge.

« Une maison très respectable, celle de Mistress Jeffries, livre à deux ou trois heures d'avis des filles de 14 à 15 ans, mais garde pour ses clients éprouvés celles de 12 à 11 ans *ou au-dessous.*

« Un de ses clients, riche négociant, a ouvert un compte à la passion ; le nombre des enfants sacrifiés jusqu'à ce jour par lui est de 2,000, et le coût est de 5,000 livres sterling.

« M. J. Horselay, chapelain de Kerkenwell, cite de nombreux exemples d'hommes de 50 ans, qui occupent dans la cité ou dans le gouvernement des positions officielles, et qui sont les clients assidus de ces maisons. »

Le Marché des Esclaves.

« Ces pauvres jeunes filles subissent toutes sortes d'outrages. On les livre à un docteur ou à une sage-femme qui garantit leur virginité, et le client paie en conséquence, et emmène cette pauvre enfant. Les docteurs, les sages-femmes de ces maisons pratiquent au besoin l'avortement de ces pauvres filles. Quelques-unes arrivent à s'échapper, au désespoir des hideuses matrones qui exercent ce vilain métier et y gagnent gros, en faisant boire ces filles, leur faisant payer cher les vivres et la chambre, et les excitant à faire boire leurs amants d'un jour. »

Il y a longtemps que nous passons chez nos voisins d'outre-Rhin et d'outre-Manche, pour des libertins et des débauchés sans pareils.

Nous sommes d'autant plus accusés par les voisins, que nous sommes en République. C'est grand hasard qu'il se passe un seul jour, sans que quelque pasteur, s'inspirant des journaux français de la réaction et de l'intransigeance, n'appelle sur Paris et la France, les foudres du Ciel et la colère d'un Dieu courroucé.

Après de telles communications, il faut bien le reconnaitre, et l'on est fier de le pouvoir constater, nous ne sommes pas encore descendus si bas, dans cette fange de la débauche et du crime dans laquelle grouille l'Angleterre si respectueuse de la Bible.

Mais il faut se hâter d'établir un cordon sanitaire pour empêcher cette horrible contagion de nous atteindre. Il faut sans hésiter porter le fer rouge de la suppression de la prostitution et de l'alcoolisme, pour nous préserver et pour détruire ce cancer social avant qu'il soit trop tard.

Rappelons-nous la maison Pompéienne, l'avenue Marbœuf, les tableaux vivants aux fêtes de Compiègne et autres parcs aux cerfs, sous l'Empire de Napoléon III, ressouvenirs des hontes et des crimes de la monarchie de droit divin.

20 juillet 1885.

L. C.

825 — Imp. L. Delaroche et Cie, place de la Charité, 10, Lyon.

DU MÊME AUTEUR

Abolition de la Misère par l'impôt assurance.	0f 30
Cahiers électoraux de 1885.	0.25
Jehan-le-Serf ou la France au XIVe siècle, drame en cinq actes	2 »
La mort de Karl Sand, drame en un acte et en vers.	1 »
Jactance et Patriotisme. — Guerre à l'Absinthe, en vers	0.75
Le Choléra, moyens de s'en préserver	0.15
L'Avenir de la France, programme républicain . .	0.30

www.ingramcontent.com/pod-product-compliance
Lightning Source LLC
LaVergne TN
LVHW010030230826
846091LV00005B/1662

* 9 7 8 2 0 1 6 1 8 2 8 9 5 *